VAUBAN & 1707

LES
GLOIRES DE TOULON

Par M. Ch. ROBLOT

Directeur de l'École Vauban

Route de Marseille, Toulon

EN VENTE A TOULON

LIBRAIRIE RUMÈBE AÎNÉ
Sur le Port.

LIBRAIRIE DANILLON
Rue Nationale.

1880

LES

GLOIRES DE TOULON

VAUBAN & 1707

LES
GLOIRES DE TOULON

Par M. Ch. ROBLOT
Directeur de l'École Vauban

Route de Marseille, Toulon

EN VENTE A TOULON

LIBRAIRIE RUMÈBE AINÉ   LIBRAIRIE DANILLON
Sur le Port.   Rue Nationale.

1880

HOMMAGE

A

LA VILLE DE TOULON

VAUBAN

Il y a tout un enseignement dans ce seul nom. Vauban, c'est la personnification du génie dans son acception la plus haute. Et, par génie, qu'on n'entende pas seulement la faculté de concevoir et de réaliser des œuvres surhumaines, de consacrer sa personnalité par les miracles de l'intelligence et de la volonté. Non, il ne suffit pas aux privilégiés de la Providence d'aspirer et d'atteindre au summum de la fortune et de la renommée, pour s'y mirer avec orgueil et s'y poser comme idoles : ce n'est là, véritablement, que le sensualisme du génie. Mais ne se sentir fort et ne se vouloir grand que pour concourir plus puissamment au bien de tous, c'est le plus pur idéal du sentiment religieux, c'est la sainteté de l'ambition humaine, c'est le sublime du génie.

Et ce fut là réellement la gloire de Vauban. Offrons donc, au nom du XIXe siècle, le tribut de notre admiration à ce héros du XVIIe. Il y marche en compagnie de Colbert; ces deux hommes y sont frères par l'esprit, par le cœur et par l'infortune. Tous deux ont été martyrs de leur dévouement, eux aussi furent crucifiés par les Pharisiens de l'époque. Paix, du moins, à leur cendre! Honneur à leurs œuvres! Que l'humanité les venge, et que la France les glorifie en les continuant.

Le Prestre de Vauban naquit en 1633, au vieux pays des Burgondes; le village de Saint-Léger de Foucheret peut à jamais s'enorgueillir de lui avoir donné le jour. A dix-sept ans, il suivait Condé; prisonnier, il attira les regards de Mazarin, et l'homme qui devina Colbert sut comprendre Vauban et les attacha tous deux à la France. Aussi pardonnons-lui quelque chose, à ce favori d'Anne d'Autriche;

oui, qu'il lui soit beaucoup remis, puisqu'il nous a tant donné.

Dès que l'homme agit, le héros se révèle. C'est pour lui que Saint-Simon créera la dénomination de Patriote. Tout d'abord, en effet, Vauban se dévoue à la France ; mais, pour la bien servir, il faut étudier et s'instruire ; son être et son activité se doublent au feu de son patriotisme : en même temps il pense et combat, il s'initie par la guerre à la science et devient immédiatement digne de lui-même, de ce qu'il sera et de ce qu'il fera pendant cinquante ans.

Lorsque Mazarin finissait et que Louis XIV voulait régner par lui-même, Vauban payait déjà sa dette de courage et d'intelligence aux siéges de Stenai, de Clermont, de Landrecies, de Condé, de Valenciennes, de Montmédy, de Gravelines, d'Ypres et d'Oudenarde.

Preneur de places : on a résumé par ces mots la première gloire de sa laborieuse carrière ; mais, si nous embrassons dans son ensemble tout ce demi-siècle où il s'est multiplié pour la patrie, si nous constatons seulement les plus apparents de ses titres à l'immortalité, nous comptons, sous l'empreinte et l'auréole de son grand nom : cinquante-trois siéges qu'il a conduits, trois cents places anciennes qu'il a réparées ou renforcées, trente-trois qu'il a fait entièrement construire, et cent quarante engagements où, toujours au plus fort du péril, il a résolument risqué sa vie.

Et qui ne s'inclinerait, à première vue, devant ce prodigieux bilan d'une existence aussi glorieuse ?

Glorieuse assurément, non pas surtout au point de vue du nombre, mais de la haute intelligence qui saisit les côtés faibles du territoire et sut pourvoir le plus heureusement possible à notre sûreté. Pour répondre au plus cher désir de Louis XIV, Vauban commença par Dunkerque. En dépit de la nature, cette ville devint, en quelque sorte, la tête de colonne de ses immenses travaux et de son éclatante renommée. Véritablement, le jeune ingénieur fit tout de rien, d'une mauvaise plage un port dont on ne comprit que trop l'importance aux efforts tentés et multipliés par les Anglais pour l'anéantir, à cette haine, implacable par crainte, systématique par ambition, qui pesa mortellement sur la malheureuse cité, depuis l'humiliation d'Utrecht arrachée à Louis XIV en 1713, honteusement consacrée par Louis XV en 1748, et tristement prolongée jusqu'au traité vengeur de 1783.

De Dunkerque au Rhin il porta principalement ses regards et sa sollicitude. Le Nord et l'Est de la France étaient à découvert, ce fut à cette double frontière qu'il consacra ses plus grands efforts. A la voix de son génie s'improvisèrent ou surgirent plus formidables les plus importantes de nos places, notamment celles de Lille, de Metz et de Strasbourg. L'Alsace eut Landau pour boulevard et s'adossa à la ligne fortifiée des villes de Hagueneau, Lichtenberg, Schelestadt, Huningue et Neufbrisac. Pour garder la vallée de la Moselle, Metz se doubla de Thionville, son avant-poste, comme, au Nord, Maubeuge s'élèvera sur la Sambre, et Charlemont se fortifiera sur la Meuse pour couvrir, de concert avec Philippeville, la Picardie, la vallée de l'Oise et la Capitale. Entre la Meuse et la Moselle, Longwy ferma le débouché des Ardennes et tint en respect Luxembourg; Sarrelouis se dressa entre la Moselle et les Vosges, et Béfort entre les Vosges et le Jura. Bitche et Phalsbourg s'ajoutèrent aux défenses naturelles des Vosges, et, pour la plus grande sûreté de cette frontière, Besançon doubla ses fortifications. Briançon couvrit l'entrée du bassin de la Durance, et, comme pour couronner ce vaste ensemble, le fort de Mont-Dauphin trôna fièrement au plus haut des Alpes.

C'était à la frontière du Midi que la nature avait fait le plus pour la France, cependant l'œil exercé du patriote et du savant y découvrit quelques points vulnérables. Les

Pyrénées, malgré leur puissance, pouvaient encore donner passage à l'invasion ; Vauban ferma le territoire en renforçant Bayonne et Perpignan ; la première de ces villes reçut pour ouvrage avancé la forteresse de Pied-de-Port, et Perpignan celle de Mont-Louis. Quant à la défense des côtes, il y pourvut avec le même zèle, sinon avec le même succès. Impuissant à faire agréer tous ses plans, dont l'avenir devait cependant démontrer l'excellence, il n'en reconstruisit pas moins les murs de la Rochelle, fortifia Brest, éleva le fort d'Andaye sur le golfe de Gascogne, et comprit l'incomparable valeur de la position de Cherbourg; enfin il transforma Toulon... Et la noble cité, digne en tout de son bienfaiteur, n'a-t-elle pas héroïquement payé sa dette, au moment où la France, en 1707, semblait agoniser avec Vauban ? N'est-ce pas elle qui, pressée par deux ennemis, par le prince Eugène et par les forces navales de l'Angleterre, a su briser cette double étreinte, tuer dix mille hommes aux assiégeants et rejeter au loin leur armée mutilée ? Honneur à Toulon comme à Vauban, pouvait-on dire en adressant le suprême adieu, en rendant les derniers devoirs au Héros ! Toulon, par son admirable défense, a montré qu'on ne doit jamais désespérer de la patrie ; il nous a consolés des hontes d'Hochstedt et de Turin, il a préludé à l'héroïsme de Malplaquet, et, plus heureux que ne le sera Paris, il n'a pas seulement vengé l'honneur de nos armes, il a sauvé la France.

Qui donc a mieux mérité que Vauban de la reconnaissance du pays? Et cependant nous ne le connaissons pas, jusqu'à présent, tout entier ; nous ne voyons, pour ainsi parler, que le corps de ses œuvres. Quant à l'âme, elle est dans les sentiments qui ont inspiré l'homme, dans les mobiles qui l'ont animé, dans cet enthousiasme du grand et du bon, dans cette passion du bien pour le bien, qui le soutint et l'ennoblit, jusqu'à son dernier jour, en dépit des obstacles, des déceptions et des injustices.

C'est de lui surtout qu'on pouvait dire : les grandes pensées viennent du cœur. Homme de la guerre, il ne s'y engageait que pour s'en rendre maitre. Bien qu'elle fût, alors peut-être, une nécessité fatale, ne devait-on pas au moins en atténuer les fléaux? Il le croyait, il le voulut ; et, s'il y suivit Louis XIV, ce fut moins pour le servir en ses violences que pour ménager notre sang. Il ménageait bien celui de nos ennemis. Il n'emportait pas à coups d'hommes, comme fera plus tard un Wellington devant Ciudad Rodrigo et Badajoz en 1811, et devant Burgos, mais cette fois à sa courte honte, en 1813 ; il disait, lui, Vauban : « Il ne faut jamais faire à découvert ni par force ce qu'on peut faire par industrie. La précipitation ne hâte point la prise des places, la recule souvent, et ensanglante toujours la scène. » Aussi combien d'hommes lui ont dû la vie, jusqu'à nos jours, grâce seulement à sa fameuse méthode des places d'armes et des parallèles, dont il usa pour la première fois au siége de Maëstricht. Il en parlait avec complaisance, il pouvait certainement en être fier. Puis encore, au rebours du même Anglais, qu'on verra piller odieusement les villes dont il se disait impudemment le libérateur, il proclama un nouveau droit d'asile, une autre loi d'inviolabilité des neutres, en déployant le drapeau de l'humanité sur les monuments civils et sur les populations inoffensives. N'était-ce pas lutter jusqu'à l'impossible contre le génie de la destruction, tout en prêtant son bras et son génie à la conquête ?

Qu'on pèse, après cela, comme on voudra le talent de l'ingénieur, nous en cherchons, avant tout, le mérite. Que le microscope de la critique s'attache, s'il lui plait, aux aspérités possibles de ses œuvres ; qu'on le chicane sur certaines défectuosités de forme, d'enchaînement, de construction ; que l'on s'ingénie envieusement à constater ce qu'il a reçu de ses devanciers et ce qu'il a laissé à faire à ses successeurs ; qu'on lui reproche l'excès ou le coûteux, en hommes et en argent, de ses précautions et de ses travaux de défense ; qu'on soutienne enfin qu'il n'a pas tout créé, rien de plus vrai, qu'il est encore loin de la perfection, soit ; mais que l'impartiale postérité, qui voit de plus haut, le juge en ce qui le révèle le plus éloquemment au monde, en son traité de l'attaque et de la défense des places, véritable chef-d'œuvre du xvii° siècle, qui fut, comme Plutarque, le livre familier des plus grands capitaines. Oui, Vauban eut pour admirateurs, pour juges et presque pour élèves deux princes de la stratégie moderne : Napoléon et Carnot ; et, si nous écoutons un instant ces deux hommes, Napoléon nous dira :

« Vauban a organisé des contrées entières en camps retranchés, couverts par des rivières, des inondations, des places et des forêts ; il a voulu que la frontière ainsi fortifiée donnât protection à une armée inférieure contre une armée supérieure, qu'elle lui assurât un champ d'opérations plus favorable pour se maintenir et empêcher l'armée ennemie d'avancer, et des occasions de l'attaquer avec avantage ; enfin, les moyens de gagner du temps pour permettre à ses secours d'arriver. »

Et, comme pour sceller son jugement, Napoléon ajoutait : « Lors des revers de Louis XIV, ce système de places fortes sauva la Capitale. Le prince Eugène de Savoie perdit une campagne à prendre Lille. Le siége de Landrecies offrit à Villars l'occasion de faire changer la fortune. Cent ans après, en 1793, lors de la trahison de Dumouriez, les places de Flandre sauvèrent de nouveau Paris : les coalisés perdirent une campagne à prendre Condé, Valenciennes, le Quesnoy et Landrecies. »

On pouvait dire encore : Paris et l'Empire n'eussent-ils pas été sauvés en 1814, si déjà, sous Louis le Grand, on eût pensé comme Vauban pour la nécessité de fortifier la Capitale. Le Paris du xvii° siècle eût été, d'après lui, la clé de voûte de son système de fortifications et le point central de la défense ; on eût ainsi constitué l'affinité, la solidarité, l'unification facultative de toutes les lignes.

« Paris, d'après les paroles mêmes de l'immortel ingénieur, Paris est ce que le cœur est au corps ; or le cœur est considéré comme le premier vivant et le dernier mourant ; c'est le principe de la vie, la source et le siége de la chaleur naturelle, qui de là se répand dans toutes les autres parties du corps, qu'elle anime et soutient jusqu'à ce qu'il ait totalement cessé de vivre. Paris est donc le vrai cœur du royaume, la mère commune des Français et l'abrégé de la France... »

Or, il voulait à tout prix protéger Paris par la France et sauver la France par Paris. C'était le couronnement d'une œuvre immense qui alliait étroitement la fortification à la stratégie ; aussi voilà ce qui faisait dire à Carnot : « C'est lui qui, le premier, vit les choses en grand, chercha les rapports des places de guerre entre elles et de la fortification aux autres branches de l'art militaire, même à l'administration politique. »

Ce n'était là que l'hommage du tacticien au talent de l'ingénieur; mais qu'il y a d'éloquence en ces simples mots offerts par le même homme aux vertus du patriote : « Né pour exercer un art destructeur, son plus tendre soin, son vœu le plus ardent fut toujours la conservation des hommes. Toutes ses idées, toutes ses maximes, étaient pour ainsi dire imprégnées de cet esprit de bonté et d'humanité qui faisait son caractère. Il ne cessait de recommander la modération, il s'étudiait à rechercher, suivant ses propres expressions, les *voies les moins ensanglantées qui se pussent mettre en usage*. Aussi fut-il adoré du soldat; aussi fut-il toujours écouté avec cet enthousiasme qu'inspirent la confiance et le succès. »

Combien également et à combien de titres l'eût aimé la France entière, s'il lui eût été donné de prodiguer sans réserve, et jusqu'à la fin de sa vie, les trésors de son grand cœur et de son génie ! C'était là son ambition la plus chère, il est mort de n'avoir pu la réaliser. Ses services militaires n'avaient été pour lui qu'un premier pas dans la carrière du bien, ses lauriers l'obligeaient, son idéal embrassa l'infini. La paix n'était pas même une halte dans la lutte, elle ne faisait qu'imprimer une nouvelle ardeur à son âme, étendre l'horizon de ses conceptions, lui montrer d'autres devoirs à remplir et d'autres ennemis à combattre. Pas de repos ni d'âge pour briser ou seulement émousser sa vigueur ; il était comme Turenne, il rajeunissait en vieillissant. Quand on le crut épuisé, quand il fut hors de mode et rejeté du cercle des opérations actives, alors son dévouement ne connut plus de bornes. Seul avec son génie, il pensait, il écrivait, non seulement sur l'art militaire, mais sur l'administration civile, sur les finances, sur l'agriculture, sur le commerce, sur les colonies... Voilà ce qu'il appelait ses *Oisivetés*, cette encyclopédie de ses plus sérieuses études, la valeur de douze volumes in-folio restés manuscrits dans les archives de la famille. Mais la science n'était qu'un levier, pour sa main puissante, au service de ses intentions généreuses. Homme d'action et descendant le plus tôt possible des théories aux applications, il ouvrit son âme aux mille infortunes de la patrie ; n'ayant plus affaire à l'Europe, il déclara la guerre à la misère.

On souffrait tant alors en dépit des éblouissantes prospérités du règne ! L'apôtre du bien alla résolument au fond de nos maux ; il les vit, les compta, les sentit et osa les montrer à Louis XIV. On eût dit qu'il les arrachait de son cœur, quand il s'écriait : « Voyez ces mendiants que la faim et la nudité chassent de chez eux ; ils couvrent les grandes routes des campagnes, ils remplissent les villes et les bourgs. Il n'est que trop vrai qu'aujourd'hui la dixième partie du peuple est condamnée à la mendicité et mendie, que, des neuf autres parties, il y en a cinq qui sont réduites, à peu de chose près, à cette malheureuse condition ; et, des quatre autres parties qui restent, trois sont fort malaisées et embarrassées de dettes et de procès ; enfin, dans le dernier dixième, où je mets les privilégiés, les bourgeois rentés et les bons marchands, on ne peut compter plus de cent mille familles, et j'affirme qu'il n'y en a pas dix mille, petites ou grandes, qu'on puisse dire au-dessus de la gêne. »

On pouvait croire à ce lugubre inventaire, il y avait travaillé vingt ans. Ni l'ambition d'une vaine popularité, ni le ressentiment, ni l'emportement d'une conscience indignée, ni même l'exaltation de l'esprit de charité ne grossissaient à ses yeux ces trop désolantes réalités. Sa vie n'avait été qu'un long voyage, et, par lui-même ou par les siens, au prix de toute espèce de fatigues, de travaux et de sacrifices, il avait étudié le pays sous toutes ses faces, il avait recueilli les informations statistiques sur lesquelles toute bonne spéculation administrative doit nécessairement s'appuyer. « Traversant le royaume dans tous ses biais, comme s'exprime à son sujet Saint-Simon dans ses Mémoires, il prenait partout des informations exactes sur la valeur et le produit des terres, sur la sorte de commerce et d'industrie des provinces et des villes, sur la nature et l'imposition des levées, sur la manière de les percevoir. Non content de ce qu'il pouvait voir et faire, il envoya secrètement partout où il ne pouvait aller, et même où il avait été et où il devait aller, pour être instruit de tout et comparer les rapports avec ce qu'il avait connu par lui-même. »

Emule de Sully et de Colbert, il s'efforçait d'assurer à la France la plénitude des richesses que lui a prodiguées la nature. En même temps qu'il se préoccupait de la production, il voulait améliorer, multiplier les débouchés pour l'échange, et les voies de communication pour le rapprochement des peuples. Attentif aux travaux de la paix, il regardait aux places de commerce autant qu'aux places de guerre ; il inventait de nouveaux procédés d'agriculture et d'irrigation, et, pour ne citer qu'une partie des bienfaits que son influence et son activité valurent à la France, ce fut lui qui canalisa la rivière d'Aa, qui ouvrit les canaux de Saint-Omer, de la Bruche et de Neufbrisach, qui commença un grand canal, abandonné depuis, entre le Havre et Harfleur, qui projeta un canal d'Arles à Bouc, et qui étudia les moyens de joindre la Saône à la Loire, et cette dernière à la Vilaine par l'Erdre et le Don.

Mais, pour faire travailler la France, il fallait aussi qu'elle pût vivre, et le pays succombait sous l'égoïsme des privilégiés, sous les exigences toujours croissantes du fisc et sous les intolérables déprédations de ses agents.

Sans souci de lui-même, ni des obstacles ni des périls, Vauban entreprit de tuer le mal en sa cause et d'en finir avec lui d'un seul coup. Il le voulut au nom de cette vérité si grande et si simple, audacieuse pourtant et presque impie aux yeux des favorisés du XVIIe siècle : « Si chacun, estimait-il, attend de l'Etat une protection égale, chacun, sans distinction de rang ou de classe, se doit également à l'Etat en raison proportionnelle de ses forces, de son industrie ou de son revenu. » C'était toute une révolution, qui, consommée pacifiquement, eût prévenu bien des catastrophes. Puis ce n'était pas encore assez pour lui de proclamer, même de faire triompher le principe de l'égalité de l'impôt, il fallait en assurer l'application par la simplicité de l'assiette et la facilité de la perception. C'est ainsi qu'il imagina son système de l'impôt unique et des quatre fonds. Mais la seule expérience aurait pu prononcer sur la valeur de ce double mode, et, puisqu'on n'a pu juger l'homme d'Etat qu'à ses intentions, qu'il suffise à sa gloire d'avoir, le premier, arboré le drapeau de la justice, d'avoir scellé de son nom le dogme fondamental de réformation politique et sociale qui fait loi presque partout aujourd'hui.

Voilà ce qu'il avait conçu, puis longuement et laborieusement préparé en vue du soulagement des plus malheureux et pour la plus grande gloire de Louis XIV. Il le croyait du moins, et, sans se dissimuler le mauvais vouloir, l'inévitable résistance et la mortelle inimitié des ordres intéressés, il comptait, dans sa naïveté d'honnête homme, sur le concours de la volonté royale, d'autant plus, pensait-il, qu'il n'y a aucune objection à faire au principe de l'égal concours au soutien de l'Etat. Hélas!..... Encore, si le puissant Louis XIV avait voulu seulement ce que voudra le faible Louis XVI, un siècle plus tard, à son avénement!

Fort de ses illusions, Vauban fit, en toute confiance, hommage au roi de son livre. A son plan de finances s'ajoutait un plan des plus simples et des plus ingénieux pour la confection d'une statistique générale. Il voulait qu'on eût soin de la France, et, pour cela, qu'on la connût dans les détails essentiels de son existence et de sa nature. Dans ce but il imaginait une magistrature tutélaire donnant à chaque paroisse un capitaine du roi, d'abord chargé, comme les premiers censeurs de Rome, du dénombrement des habitants. Ce travail était la base et le point de départ de toutes les statistiques spéciales dont l'ensemble et la combinaison réalisaient pleinement l'œuvre de sa sollicitude.

On ne devait pas, en effet, s'en tenir à compter les habitants; c'était sous son triple aspect, physique, intellectuel et moral qu'il fallait, par le moyen des statistiques, embrasser le royaume entier; c'était surtout la valeur des personnes et des choses qu'on avait à peser et à mettre en lumière. Après avoir ainsi noté, dans les moindres centres, l'âge, la condition et la profession de chacun, on passait à l'état social des groupes où se classaient les individus de la communauté; puis on constatait les qualités et les défauts, les dispositions, les aptitudes, les incapacités, les ressources, les besoins de la population en général et du territoire qui la nourrissait. Succinctement on décrivait l'étendue et la situation de la localité, la nature, la fertilité, le rapport des terres et les différentes façons de les cultiver; on indiquait par là ce que le sol rendait ou devait rendre; on spécifiait les éléments, les agents, les moyens de développement, d'amélioration et de prospérité que le pays possédait ou pouvait acquérir. On dressait l'état des arts, des métiers et des sciences qu'on y professait ou pratiquait, en même temps que de ceux qui faisaient défaut aux aspirations ou au génie des habitants. Enfin, on portait au grand jour tout ce qui intéressait le présent et l'avenir de chaque contrée, au point de vue du travail, du bien-être et de la civilisation.

Et, dans l'enthousiasme de son œuvre, comme pour en porter le feu sacré à Louis XIV, il s'écriait : « Quelle satisfaction pour un grand roi que de pouvoir, de son cabinet, parcourir lui-même, en quelques heures, l'état présent et passé de son royaume, de connaître avec certitude en quoi consistent sa grandeur, ses richesses, ses forces, le bien et le mal de ses sujets, et ce qu'il peut faire pour accroître l'un et pour remédier à l'autre ! »

Mais, pour arriver au maître, ces nobles paroles avaient à percer l'atmosphère empestée de sa cour ; et savait-on à Versailles, même aux plus mauvais jours de 1709, où était et ce que souffrait le pauvre peuple ? Comment forcer la barrière qu'opposaient à toute idée d'amélioration les fauteurs ou les complices du mal qui nous dévorait ? Comment avoir raison de ces gens qui cachaient la France à Louis XIV et qui l'écrasaient en son nom ? Pardonneront-ils à Vauban d'avoir voulu, par ses réformes, donner au roi plus que ne lui produisaient les vieux impôts, et assurer, à peu de chose près, au peuple, en le sauvant des vexations et de la ruine, tout ce qui n'entrait pas au trésor et qu'arrêtait au passage l'insatiable avidité des exploitants ?

A qui devaient rester le terrain et la victoire? Malheureusement, à ceux qui abusaient de la fortune publique, à ceux qui s'armaient des forces et de l'adhésion tacite de la Royauté. Alors, dit Saint-Simon, au premier bruit de la révolution projetée la Robe entière en rugit, la Robe, la Cour, et, si nous empruntons une dernière fois le langage de Vauban, « ces armées de traitans, de sous-traitans, avec leurs commis, leurs clients et leurs protégés, ces sangsues de l'Etat, dont le nombre, disait-il, serait suffisant pour remplir les galères, ces gens qui marchent la tête levée dans Paris, parés des dépouilles de leurs concitoyens, avec autant d'orgueil que s'ils avaient sauvé l'Etat. »

Quelle force eût pu triompher de telles puissances? Aussi Vauban était-il déjà perdu dans l'esprit du Prince, quand il lui présenta son ouvrage. On avait fait de l'illustre Maréchal plus qu'un insensé, on le représenta comme un criminel attentant à l'autorité du Roi, parce qu'il osait en inquiéter les plus méprisables agents. Nouveau Jacques Cœur, il succomba sous le tort de sa probité, de son patriotisme et de son incomparable dévouement. La réprobation, émanée du trône, répétée, grossie, envenimée par les mille échos d'un ressentiment implacable, retentit cruellement dans la France entière. Le noble proscrit fut mis au ban de la Cour et du royaume ; on n'osait l'attacher au pilori, c'eût été la croix ; la haine, habilement meurtrière après ses premiers coups, prit le masque de l'indifférence, du mépris et du dégoût ; on fit autour de lui le silence, le vide et le froid de la mort ; on multiplia les lâchetés pour l'abattre. Frappé au cœur, il traîna son agonie pendant quelques mois ; seul avec l'amertume de son âme et consumé d'une douleur incurable, il ne put survivre aux bonnes grâces de l'homme pour lequel il avait tout fait. Il mourut à 74 ans, et, comme s'il n'eût pas suffi d'empoisonner ses derniers jours, on poursuivit jusqu'à sa mémoire, on feignit de ne pas s'apercevoir de sa mort, on commanda de ne pas se souvenir de sa vie. C'était le mot d'ordre de l'ingratitude et de la bassesse ; mais, en dépit de ses bourreaux, l'auguste victime n'a cessé de vivre et de grandir ; Vauban fut et reste l'âme de tous les hommes de cœur et de progrès qui se sont dévoués et se dévouent encore à la réalisation de son idéal. Si Louis XIV et les siens l'ont oublié, la France et l'humanité l'ont bien vengé.

Après le témoignage des faits, avons-nous à prouver notre première opinion sur Vauban : il y a tout un enseignement dans ce seul nom ?

Certes, on pourrait dire aussi de ce grand homme : il brille sur l'Europe, ou plutôt sur l'humanité, comme le soleil à son orient. Sa gloire a l'autorité de l'axiome, elle force l'admiration des plus incrédules.

Et nous, dont l'ambition est de faire des hommes, quel nom plus heureux pouvions-nous emprunter à la ville de Toulon pour notre école ? Quel plus digne emblème au frontispice de notre œuvre ? Est-il un plus beau modèle à présenter aux derniers enfants du XIXe siècle, à cette intéressante génération qui sera la première force, et deviendra, nous l'espérons, l'honneur du XXe ? La vie de Vauban n'est-elle pas, en effet, un programme de conduite et d'instruction pour tous les âges ? C'est un glorieux assemblage de nobles sentiments, de hautes idées, de simples vertus et d'inspirations généreuses. Etudiez votre héros, dira l'Ecole Vauban à ses élèves ; attachez-vous à ses actes, éclairez-vous de son esprit, apprenez, à son exemple, à devenir, sinon tous hommes de génie, du moins hommes de sens, de courage et d'honneur ; et, croyez-le bien, quelque peu qu'il puisse vous rester de votre modèle, vous aurez toujours gagné à vous efforcer de l'imiter.

Voyons-le dès son adolescence ; il vit au sein de la famille, il grandit, malgré sa naissance, au milieu des plus humbles. Il se plait aux occupations de la campagne, il en prend les mœurs, il conserve ainsi la droiture native de son esprit et la pureté de son cœur ; il assure ses forces, il prépare son âme. C'est ainsi qu'il semble vous dire, à vous, nos enfants : vous aussi, contentez-vous des joies du foyer, des modestes travaux et des plaisirs innocents de l'école : ne forcez pas la nature, gardez précieusement la pudeur de l'âme, c'est le viatique de l'existence entière.

Vous savez ce qu'il était à dix-sept ans, vous voyez ce qu'il fut jusqu'à soixante-quatorze : Dur au travail, sourd aux sollicitations dangereuses, infatigable comme Démosthènes, dévoué comme Epaminondas, honnête comme Phocion ! Admirez les puissances de son être : force de volonté, esprit de suite, de conduite et surtout de charité. « Tous les hommes sont frères, aimez-vous les uns les autres ! » Cette simple et sublime doctrine, émanée de Dieu lui-même, il l'a pratiquée dans ses moindres actes. Ne vous étonnez pas qu'il soit resté supérieur aux séductions de la fortune, comme aux coups les plus douloureux de l'ingratitude et de l'adversité ; il avait la religion des principes. Jugez-le plutôt à ses maîtres ; il eut progressivement pour inspirateurs : sa mère, l'antiquité et le Christianisme. A cette triple école, il apprit l'amour de la famille, de la patrie et de l'humanité ? Que lui faisaient, après cela, les orages ou les éblouissements de l'existence ? Il savait trouver la force dans le sentiment du devoir, la lumière dans sa passion pour le bien, le bonheur dans le dévouement, la grandeur dans l'abnégation, le repos dans la diversité du travail, la paix et la consolation dans la résignation, enfin, dans le sacrifice mille fois répété de soi-même, la plus sainte immortalité des héros.

École Vauban ! c'est notre titre. A nous permis d'en être fiers, mais à la condition de nous en rendre dignes.

C'est notre plus cher vœu pour l'inauguration de 1880.

www.ingramcontent.com/pod-product-compliance
Lightning Source LLC
Chambersburg PA
CBHW070443080426
42451CB00025B/1334